ANCIENS ÉLÈVES DES LYCÉES DE LYON

A. E. L.

LIVRE D'OR
DE LA GRANDE GUERRE
1914 1918

L'YSER — LA MARNE — CRAONE — CHEMIN DES DAMES — L'OURCQ

VERDUN — ARRAS — REIMS — S^T QUENTIN — SAINT DIE

SVIS LE LION QUI NE MORD POINT SINON QUAND L'ENNEMI LE POINCT

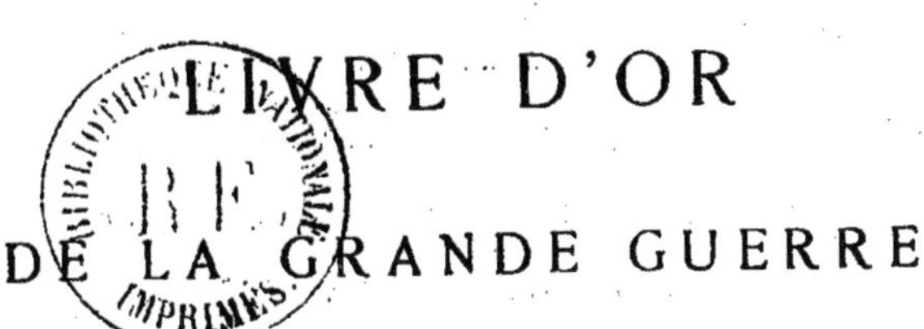

LIVRE D'OR

DE LA GRANDE GUERRE

1914-1918

IL A ÉTÉ TIRÉ

CINQUANTE EXEMPLAIRES

SUR PAPIER DE HOLLANDE VAN GELDER

NUMÉROTÉS DE 1 A 50

A. E. L.

ASSOCIATION DES ANCIENS ÉLÈVES
DES LYCÉES DE LYON

LIVRE D'OR
DE LA GRANDE GUERRE

1914-1918

LYON
IMPRIMERIE A. REY
4, RUE GENTIL, 4

1921

MORTS POUR LA PATRIE

1870-1871

TOURANGIN (Albert). . . . . Wissembourg.
RAOULT (Général) . . . . Frœschwiller.
BELLOT (Gustave). . . . . Wœrth.
HUMBERT (Camille) . . . . Borny.
DIVAT (Auguste-Henri) . . . . Saint-Privat.
MICIOL (Gabriel) . . . . —
CHANTRON (Alphonse) . . . . Gravelotte.
THIBAUDIER (Barthélemy) . . . . —
DEBERLE (Albert) . . . . —
DIOUX (Ernest). . . . . Sedan.
DOBLER (Paul) . . . . —
GUILLAUME (Albert). . . . . —
MORIN-PONS (Auguste) . . . . —
ROZIER (Auguste) . . . . —
GRASSAT (Arthur) . . . . Metz.
SANDRIER (Emile-Lucien) . . . . —
DAUDIGNAC (René) . . . . Verdun.
FRÉNET (Emmanuel) . . . . Neuf-Brisach.
ANDRIEUX (Alexis) . . . . Belfort.
CHARRIN (Eugène). . . . . —
FRÉMONTEIL (Arthur) . . . . —
OYSELET (Henri) . . . . —
SALET (Gaston). . . . . —
SIEBENPFEIFER (Frédéric) . . . . —
BÉNECH (René) . . . . Champigny.
SAUZET (Paul) . . . . —
NEU (Marius) . . . . Loire.
NEYRON (Lucien) . . . . —
COURRAT (Louis) . . . . Nuits.
GUICHON (Gustave) . . . . —
TRUNEL (Léon) . . . . —
NEYRON (Charles). . . . . —
MATHIEU (François) . . . . Pont-Noyelle.
LAMBERT (Gustave) . . . . Buzenval.
PELOUX (Adrien) . . . . Montretout.
DAIRAT (Mathieu) . . . . Paris.
LAPICIDA (Bernard) . . . . —
CHENEVIER (Joannès) . . . . Dresde.

LIVRE D'OR DE LA GRANDE GUERRE

1914-1918

ACHALME Paul, mort pour la France, le 14 oct. 1916.

Sergent au 242e d'inf.

AESCHIMANN Alfred, mort pour la France, le 17 juin 1915, âge 20 ans.

Soldat au 10e chasseurs à pied.

AESCHIMANN Jacques (frère de AEschimann Alfred), mort au champ d'honneur, le 21 août 1914, âge 24 ans.

Sergent au 99e d'inf., Médaille militaire.

ALACOQUE Gabriel, mort pour la France.

Cavalier au 26e dragons.

ALLUT Olivier, mort pour la France, le 20 août 1918, âge 26 ans.

Caporal au 18e d'inf.

AMANT PIERRE, mort au champ d'honneur, le 23 mai 1917, âge 27 ans.

Sous-Lieutenant au 22e d'inf. Une citation à l'ordre du régiment, deux à l'ordre de l'armée. Croix de guerre avec étoile et deux palmes.

ANDENOT JEAN, mort pour la France.

Observateur au 150e d'inf.

ANDRÉ LUCIEN, né le 28 janvier 1895, mort au champ d'honneur, le 8 juin 1915.

Engagé volontaire. Caporal au 75e d'inf.

ANDRIÉ MAURICE, mort au champ d'honneur, le 28 mai 1918, âge 26 ans.

Capitaine au 107e d'art. lourde. Six citations : deux à l'ordre de l'armée, deux à l'ordre du corps d'armée, deux à l'ordre de la division.

ANDRIEU GEORGES, mort au champ d'honneur, le 16 avril 1917.

Capitaine au 6e tirailleurs sénégalais. Cité à l'ordre de l'armée.

ANDRIOT MAURICE, né le 22 août 1897, mort au champ d'honneur, le 18 juin 1918 (A.E.L.).

Soldat au 150e d'inf.

ANGOUSTURE FERDINAND, mort au champ d'honneur, le 23 oct. 1917, âge 19 ans.

Soldat au 28e chasseurs alpins. Cité à l'ordre du bataillon et de la division.

ARAUD François, mort pour la France, le 19 août 1914, âge 21 ans.

Soldat au 97e d'inf.

ARLIN Marcel, mort au champ d'honneur, le 15 mai 1915, âge 21 ans.

Soldat au 56e d'inf. Croix de guerre, deux citations: ordre du régiment, ordre de la division.

ARNAUD Charles-Max, mort au champ d'honneur, le 26 février 1916.

Maréchal des Logis au 3e groupe d'art. d'Afrique.

ARNAUD Charles, mort au champ d'honneur, le 23 sept. 1914, âge 24 ans (A.E.L.).

Caporal au 134e d'inf.

ARNAUD Charles, mort pour la France, le 4 juin 1915, âge 57 ans (A.E.L.).

Commandant du génie en retraite, avait repris du service.

ARNOULD André, mort au champ d'honneur, âge 26 ans (A.E.L.).

Sous-Lieutenant au 74e d'inf. Citation à l'ordre de l'armée. Légion d'honneur.

AUBERT Joseph, mort au champ d'honneur, âge 21 ans.

Soldat au 23e chasseurs alpins.

AUDRY Hippolyte, mort pour la France, le 25 oct. 1917, âge 28 ans.

Lieutenant au 52e d'inf. Cité à l'ordre du corps d'armée.

AUDRY Louis, né le 13 janvier 1864, mort pour la France, le 21 mars 1917 (A.E.L.).

Lieutenant-Colonel, chevalier de la Légion d'honneur.

AUVERGNON Camille, mort pour la France, le 28 sept. 1914, âge 22 ans.

Sergent au 61e d'inf.

AVRIL François, mort au champ d'honneur, le 24 août 1914, âge 47 ans.

Capitaine au 99e d'inf. Cité à l'ordre de l'armée.

AYNARD Paul, mort pour la France, le 20 janvier 1915, âge 34 ans.

Soldat au 75e d'inf.

AYNARD Raymond, mort au champ d'honneur, le 6 mars 1916, âge 49 ans (A.E.L.).

Engagé volontaire. Capitaine au 54e d'inf., officier de la Légion d'honneur.

BABOUT Gabriel, mort au champ d'honneur, âge 20 ans.

Sergent au 4e zouaves. Cité à l'ordre de l'armée.

BADOLLE Georges, mort au champ d'honneur, le 19 avril 1915, âge 32 ans.

Soldat au 359e d'inf.

BALAŸ Lazare, mort pour la France, le 22 mai 1915.

Lieutenant au 175e d'inf. Deux citations, Légion d'honneur.

BALAŸ Pierre, mort au champ d'honneur, le 6 avril 1915, âge 23 ans.

Caporal au 163e d'inf. Cité à l'ordre de l'armée.

BALPÉTRÉ Jean, mort au champ d'honneur, le 14 mai 1915, âge 20 ans.

Aspirant au 158e d'inf.

BALVET Gabriel, mort au champ d'honneur, le 31 mars 1918, âge 20 ans.

Lieutenant au 26e chasseurs à pied, détaché à l'escadrille 141. Croix de guerre avec palmes.

BARBELENET Georges, mort pour la France, le 19 juin 1915, âge 25 ans.

Aspirant au 21e chasseurs à pied. Cité à l'ordre de l'armée.

BARD Charles, mort au champ d'honneur, le 21 oct. 1914, âge 26 ans.

Sous-Lieutenant de réserve au 99e d'inf. Cité à l'ordre de l'armée.

BARD MAURICE, mort au champ d'honneur, le 28 janvier 1916, âge 26 ans.

Lieutenant au 62e chasseurs alpins.

BARD PAUL, mort au champ d'honneur en 1918.

Commandant d'inf., chevalier de la Légion d'honneur.

BARON GEORGES, mort au champ d'honneur, le 30 août 1914, âge 27 ans.

Soldat au 299e d'inf.

BARRET EUGÈNE, mort au champ d'honneur, le 8 sept. 1914.

Sous-Lieutenant au 23e d'inf.

BARROT GABRIEL, mort au champ d'honneur, le 24 oct. 1914.

Soldat au 159e d'inf.

BASSIEUX FRANÇOIS, mort au champ d'honneur, le 25 avril 1915.

Capitaine au 1er zouaves. Cité à l'ordre de l'armée.

BAUX AUGUSTE, mort au champ d'honneur, le 17 juillet 1918, âge 26 ans.

Engagé volontaire au 75e d'inf., évadé d'Allemagne après trois tentatives infructueuses, pilote aviateur à l'escadrille Spad 103 du groupe des Cigognes. Cinq citations : une à l'ordre du régiment, trois à l'ordre de l'aéronautique (régiment), une à l'ordre de l'armée. Médaille militaire, Croix de guerre avec palme.

BEAU Jean, né le 7 février 1895, mort pour la France, le 1er sept. 1914.

Engagé volontaire au 99e d'inf.

BEAUPUIS (de) Henry, mort au champ d'honneur, le 12 avril 1915, âge 25 ans.

Sous-Lieutenant au 56e d'inf. Cité à l'ordre de l'armée. Croix de guerre.

BENOIT Jacques, mort au champ d'honneur, le 31 août 1915, âge 20 ans (A.E.L.).

Aspirant au 12e chasseurs alpins. Deux citations : ordre du bataillon et ordre de l'armée. Légion d'honneur, Médaille militaire, Croix de guerre avec palme et étoile.

BENOIT Jean, blessé devant Verdun, mort à Salonique, le 31 oct. 1918, âge 22 ans.

Engagé volontaire, Canonnier pointeur au 179e d'art. de tranchée.

BENOIST Marc, mort au champ d'honneur, le 11 juin 1918, âge 31 ans (A.E.L.).

Sous-Lieutenant au 129e d'inf. Trois citations. Croix de guerre.

BERLAND Joseph, mort au champ d'honneur, le 25 août 1915, âge 25 ans.

Sous-Lieutenant au 88e d'inf. Cité à l'ordre de l'armée. Légion d'honneur.

BERNARD Paul-Marcel, né le 28 sept. 1891, mort pour la France, le 8 nov. 1914.

Sous-Lieutenant au 59e d'art. Deux fois cité à l'ordre de l'armée. Légion d'honneur.

BERTHAUD René, mort au champ d'honneur, le 10 sept. 1914, âge 21 ans.

Sergent-fourrier, Agent de liaison au 1er tirailleurs marocains.

BERTHIER Louis, mort au champ d'honneur, le 8 août 1914, âge 37 ans.

Capitaine au 44e d'inf. Cité à l'ordre du corps d'armée.

BERTOIN Gaston, mort au champ d'honneur, le 14 juin 1915, âge 32 ans.

Sous-Lieutenant au 96e d'inf. Croix de guerre.

BERTRAND Georges, mort pour la France, le 10 sept. 1914, âge 27 ans.

Agent de liaison au 99e d'inf.

BESSIÈRE René, mort au champ d'honneur, le 27 sept. 1914.

Sous-Lieutenant au 12e dragons, promu Lieutenant. Cité à l'ordre de l'armée.

BIANCONI Antoine, mort pour la France, le 5 mars 1915.

Sous-Lieutenant au 72e d'inf. Cité à l'ordre de l'armée et du corps d'armée. Légion d'honneur, Croix de guerre avec palme.

BIGOLET Edouard, mort au champ d'honneur, le 17 sept. 1914.

Capitaine d'inf. coloniale. Onze campagnes, plusieurs citations, Légion d'honneur, médailles du Soudan et du Maroc.

BILLET Antoine, mort au champ d'honneur, le 19 nov. 1916, âge 32 ans.

Soldat au 1er mixte de zouaves et tirailleurs.

BILLET Louis, mort au champ d'honneur, le 16 sept. 1914, âge 26 ans.

Soldat au 2e zouaves.

BILLOUD Théophane, mort pour la France, le 29 janvier 1915, âge 27 ans.

Sergent au 4e d'inf. coloniale.

BINDEWALD Marcel, né en 1885, mort au champ d'honneur, le 30 août 1914.

Lieutenant au 222e d'inf. Cité à l'ordre de l'armée. Croix de guerre avec palme.

BINEAU René, mort au champ d'honneur, le 5 nov. 1914, âge 34 ans.

Capitaine au 56e d'art. Cité à l'ordre de l'armée. Légion d'honneur, Croix de guerre avec palme.

BLANC Louis, mort au champ d'honneur, le 30 sept. 1914, âge 22 ans.

Caporal au 15e chasseurs à pied.

BOASSON Marc, mort au champ d'honneur, le 29 avril 1918, âge 32 ans.

Sous-Officier de renseignements au 414e d'inf. Cité à l'ordre de la division.

BOISSIÈRE (de la) Henri, mort au champ d'honneur, le 7 avril 1916, âge 19 ans.

Engagé volontaire, Sergent skieur au 28e chasseurs alpins, proposé pour le grade de Sous-Lieutenant. Cité à l'ordre du jour. Médaille militaire.

BOLLON.

Lieutenant d'inf.

BOMBES de VILLIERS Eugène, né le 25 mars 1876, mort des suites de ses blessures, le 2 sept. 1914 (A.E.L).

Chef de bataillon à l'Etat-Major d'un corps d'armée. Cité à l'ordre de l'armée. Légion d'honneur, Croix de guerre avec palme.

BON Charles, mort au champ d'honneur, le 25 juillet 1918, âge 22 ans.

Sous-Lieutenant au 97e d'inf. alpine. Deux citations à l'ordre du régiment, une à l'ordre de la division. Croix de guerre avec palme.

BONHOMME Louis, mort pour la France, le 18 mars 1917, âge 22 ans.

Sergent au 157e d'inf. Cité à l'ordre de la division. Croix de guerre.

BONNAMOUR René, mort au champ d'honneur, le 12 mai 1916, âge 23 ans.

Lieutenant au 30 d'inf. Deux citations à l'ordre de l'armée. Croix de guerre avec deux palmes.

BONNEL André, mort au champ d'honneur, le 7 août 1916, âge 21 ans.

Engagé pour la durée de la guerre, aspirant au 363 d'inf. Cité à l'ordre de l'armée.

BONNY Maurice, mort au champ d'honneur, le 19 oct. 1914, âge 34 ans.

Sergent au 210e d'inf.

BONTRON André, mort au champ d'honneur, le 23 avril 1916, âge 18 ans.

Soldat, engagé volontaire à 17 ans au 99e d'inf. Croix de guerre.

BORSON Fernand, mort au champ d'honneur, le 19 août 1914.

Sous-Lieutenant au 58e d'inf.

BOUR Charles, mort au champ d'honneur, le 25 sept. 1915, âge 24 ans.

Sous-Lieutenant au 44e d'art. Cité à l'ordre de l'armée. Légion d'honneur.

BOUR Jacques, mort au champ d'honneur, le 29 mai 1915, âge 29 ans (A.E.L.).

Sous-Lieutenant au 158e d'inf. Deux citations à l'ordre de l'armée.

BOURGADE Charles, mort au champ d'honneur, le 20 juillet 1916.

Sous-Lieutenant au 54e chasseurs alpins. Cité à l'ordre du corps d'armée. Légion d'honneur.

BOURGAREL Charles, mort au champ d'honneur, le 24 août 1914, âge 20 ans (A.E.L.).

Soldat au 99e d'inf.

BOURGEOIS Fernand, mort au champ d'honneur, le 17 juin 1916.

Mitrailleur au 359e d'inf Cité à l'ordre de la division. Médaille militaire, Croix de guerre.

BOUSSAND Roger, mort au champ d'honneur, le 11 mai 1915, âge 21 ans (A.E.L.).

Aspirant au 95e d'inf.

BOUSSON Henri, mort pour la France, le 26 sept. 1914, âge 30 ans (A E.L.).

Sergent au 36e d'inf. coloniale.

BOUTEILLE Francis, mort pour la France, le 31 mars 1915, âge 31 ans.

Caporal au 53e chasseurs alpins.

BOUTON Claude, mort au champ d'honneur, le 21 avril 1917, âge 19 ans.

Soldat mitrailleur au 8e cuirass. à pied. Cité à l'ordre de la division et de l'armée. Croix de guerre.

BOUVIER Félix, mort pour la France, le 14 déc. 1914, âge 39 ans (A.E.L.).

Lieutenant au 275e d'inf.

BOUVIER Jean, mort des suites de ses blessures, le 18 avril 1917, âge 21 ans.

Sous-Lieutenant au 133e. Cité à l'ordre du corps d'armée. Légion d'honneur, Croix de guerre.

BOUVIER Louis, mort au champ d'honneur, le 8 août 1918, âge 21 ans (A.E.L.).

Sous-Lieutenant observateur à l'escadrille Spad 289. Deux citations à l'ordre de la division, une à l'ordre de l'armée. Croix de guerre.

BOUYGUES André, mort pour la France, le 1er déc. 1916.

Enseigne de vaisseau.

BOUYGUES Pierre (frère de Bouygues André), mort pour la France.

Lieutenant au 11e dragons.

BOUZOL Louis, mort au champ d'honneur, le 29 mai 1916, âge 24 ans.

Capitaine mitrailleur au 255e d'inf.

BOZONET Jean, mort pour la France.

Sous-Lieutenant au 23e d'inf. Cité à l'ordre de l'armée.

BRACHET René, mort au champ d'honneur, le 22 septembre 1917.

Sous-lieutenant au 56e d'art. Cité à l'ordre de l'armée. Croix de guerre.

BRAISE Félix, mort au champ d'honneur, le 16 avril 1918, âge 20 ans (A.E.L.).

Soldat engagé volontaire dans l'art. Cité à l'ordre de l'armée. Croix de guerre.

BRÉMOND Eugène, mort au champ d'honneur, âge 35 ans.

Engagé volontaire malgré réforme. Cité à l'ordre du régiment,

BREVET Léon, mort au champ d'honneur, le 11 août 1916.

Aspirant au 44e d'inf.

BREYTON Marcel, mort pour la France, le 6 nov. 1918, âge 23 ans (A.E.L.).

Engagé volontaire, Sergent au 7e génie. Cité à l'ordre de l'armée. Médaille militaire, Croix de guerre.

BRISIS (de) Roger, mort au champ d'honneur, le 19 août 1914.

Sous-Lieutenant au 42e d'inf.

BRUN André, mort au champ d'honneur, le 11 juin 1918, âge 24 ans (A.E.L.).

Lieutenant d'aviation, escadrille L 10. Cité à l'ordre de l'armée et du corps d'armée. Légion d'honneur, Croix de guerre.

BRUN Léon (frère de Brun André), mort au champ d'honneur, le 30 mai 1918, âge 22 ans.

Soldat au 289e d'inf.

BRUNET-LECOMTE René, mort au champ d'honneur, le 6 oct. 1914.

Capitaine au 9e d'inf.

BRUNIER Julien, mort au champ d'honneur, le 18 juillet 1918, âge 21 ans (A.E.L.).

Soldat mitrailleur au 70e chasseurs alpins. Cité à l'ordre du 6e groupe de bataillons de chasseurs.

BRUNIER Pierre, mort au champ d'honneur.

Caporal au 371e d'inf. Cité à l'ordre de l'armée.

BRUNON Barthélemy, mort au champ d'honneur, le 17 janvier 1915.

Soldat au 359e d'inf.

BRUNSCHWIG Jean, mort au champ d'honneur, le 24 août 1914, âge 25 ans (A.E.L.).

Sergent au 99e d'inf.

BRUTIN Georges, mort au champ d'honneur, le 22 août 1915.

Engagé volontaire. Sous-lieutenant au 22e chasseurs alpins. Cité à l'ordre de l'armée. Croix de guerre.

BRUYÈRE, mort pour la France.

Aspirant au 17e d'inf.

BUIS MARCEL, mort au champ d'honneur, le 5 mai 1915, âge 20 ans (A.E.L.).

Aspirant au 13e chasseurs alpins. Cité à l'ordre de l'armée.

BURTON LUCIEN, mort au champ d'honneur, le 24 août 1914, âge 21 ans.

Sergent au 99e d'inf.

BUSSIÈRES VICTOR, mort au champ d'honneur, le 2 nov. 1914.

Sous-Lieutenant au 6e génie.

CAMBEFORT ROBERT, mort au champ d'honneur, le 6 mars 1916, âge 19 ans (A.E.L.).

Aspirant au 60e d'art., proposé pour le grade de Sous-Lieutenant. Cité à l'ordre du corps d'armée.

CAMPS GEORGES, mort au champ d'honneur, le 13 oct. 1914, âge 25 ans.

Lieutenant au 28e d'art.

CANET MARCEL, mort au champ d'honneur, le 30 mars 1915, âge 28 ans.

Capitaine au 13e d'inf. Cité à l'ordre de l'armée.

CARRET Victor, né le 8 mai 1876, mort pour la France, le 25 oct. 1914.

Capitaine au 44e d'inf.

CARRIER Georges, mort pour la France, le 10 août 1918, âge 46 ans (A.E.L.).

Médecin-major de 2e classe attaché au Centre de psychiatrie de la XIVe région.

CATHELIN Pierre, mort en combat aérien, le 2 mai 1918, âge 24 ans.

Sous-Lieutenant pilote-aviateur, escadrille Spad 154. Trois fois cité à l'ordre de l'armée. Légion d'honneur, Croix de guerre.

CELLE Camille, mort au champ d'honneur, le 27 avril 1918, âge 19 ans (A.E.L.).

Aspirant au 54e d'art. Cité à l'ordre de la division. Croix de guerre.

CHABERT Jean, mort au champ d'honneur, le 31 août 1917, âge 20 ans (A.E.L.).

Sous-Lieutenant au 53e chasseurs alpins. Croix de guerre.

CHABUEL Jean, mort au champ d'honneur, le 21 juin 1916, âge 26 ans.

Lieutenant-pilote aviateur, escadrille M.F. 22. Cité à l'ordre de l'armée.

CHAILLY Jules, mort au champ d'honneur, le 20 avril 1917, âge 20 ans.

Sergent au 23e d'inf. Cité à l'ordre de la brigade. Croix de guerre avec deux étoiles.

CHANCEL Henri, mort au champ d'honneur, en août 1914.

Sous-Lieutenant au 6e tirailleurs algériens.

CHANEY Eugène, mort pour la France, le 23 juin 1915.

Sergent au 32e d'inf. Cité à l'ordre du régiment.

CHAPPET Georges, mort pour la France, le 29 août 1917, âge 34 ans.

Médecin-major au 242e d'inf. et médecin des épidémies. Cité à l'ordre de la division et à l'ordre de l'armée. Croix de guerre avec palme, Médaille des épidémies.

CHAPUIS Xavier, mort pour la France, le 18 oct. 1918, âge 34 ans (A.E.L.).

Ingénieur principal de la marine, armée navale. Légion d'honneur.

CHARBONNIER Henri, mort au champ d'honneur.

Capitaine au 107e d'inf. Cité à l'ordre du régiment.

CHARDINY Henri, mort au champ d'honneur, le 28 juin 1916, âge 28 ans.

Agent de liaison au 297e d'inf. Cité à l'ordre de la division.

CHARLET Charles, mort pour la France, le 25 sept. 1915 (A.E.L.).

Chef de bataillon au 3e zouaves. Cité à l'ordre de l'armée. Légion d'honneur, Croix de guerre.

CHARRASSE Louis, mort au champ d'honneur, le 28 août 1914, âge 32 ans.

Lieutenant au 63e d'inf. Cité à l'ordre de l'armée. Légion d'honneur, Croix de guerre avec palme.

CHARRÉRAU Paul, mort pour la France, le 9 sept. 1914, âge 21 ans (A.E.L.).

Soldat au 52e d'inf. Cité à l'ordre du régiment.

CHARVET Félix, mort au champ d'honneur, le 5 nov. 1914, âge 31 ans.

Sergent au 286e d'inf. Cité à l'ordre du régiment. Médaille militaire.

CHASTEL Arnould, mort au champ d'honneur, le 11 oct. 1915, âge 23 ans (A.E.L.).

Aspirant au 10e cuirassiers. Cité à l'ordre de la division. Croix de guerre.

CHATILLON Paul, mort pour la France, le 18 oct. 1918, âge 20 ans (A.E.L.).

Pharmacien auxiliaire aux armées. Cité à l'ordre du Service de santé. Croix de guerre.

CHAUMONT Louis, mort pour la France, le 27 sept. 1914, âge 30 ans.

Sergent au 298e d'inf.

CHAUVIRÉ Ivan, mort pour la France, le 2 déc. 1915, âge 33 ans.

Sous-Lieutenant au 67e d'inf. Deux citations à l'ordre de l'armée. Légion d'honneur, Croix de guerre avec palmes.

CHAVERONDIER Georges, mort au champ d'honneur, le 30 mars 1918.

Capitaine au 4e zouaves.

CHEVALIER Georges, mort au champ d'honneur, le 21 juillet 1918, âge 20 ans (A.E.L.).

Sous-Lieutenant au 4e d'inf. Deux citations. Croix de guerre.

CHOMIENNE Raymond, mort pour la France.

CHOQUENEY Jean, né le 8 janvier 1894, mort au champ d'honneur, le 25 sept. 1916 (A.E.L.).

Médecin-aide-major au 29e chasseurs à pied. Trois citations : ordre du bataillon, ordre du régiment, ordre de la division. Légion d'honneur, Croix de guerre avec palme.

CHRISTIN François, mort au champ d'honneur, le 27 janvier 1915, âge 23 ans.

Soldat au 133e d'inf. Cité à l'ordre de la division. Croix de guerre.

CLAPOT Hugues, mort pour la France, le 29 oct. 1916, âge 28 ans (A.E.L.).

Sergent au 9e tirailleurs algériens. Cité à l'ordre de la division.

CLAVEL Georges, mort pour la France, le 18 oct. 1914, âge 25 ans.

Soldat au 159e d'inf.

CLERC Louis, mort au champ d'honneur, le 6 oct. 1914, âge 22 ans.

Lieutenant au 121e d'inf

COLLARD Noël, mort au champ d'honneur, le 8 mars 1916, âge 22 ans.

Lieutenant d'art. Deux fois cité à l'ordre du jour.

COLLOMB Henri, mort pour la France, le 20 août 1917, âge 22 ans (A.E.L.).

Sous-Lieutenant au 62e d'art. Cité à l'ordre de l'armée.

COLOMB Henri, mort au champ d'honneur, le 7 juillet 1918, âge 20 ans.

Sous-Lieutenant au 263e d'art. Cité deux fois à l'ordre de la division et une fois à l'ordre de l'armée. Légion d'honneur, Croix de guerre.

COLONJON (de) Edouard, mort pour la France, le 2 août 1918, âge 27 ans.

Sous-Lieutenant au 299e d'inf. Légion d'honneur, Croix de guerre.

CONDAMIN Pierre, mort au champ d'honneur, le 6 sept. 1916, âge 20 ans (A.E.L).

Aspirant au 158e d'inf. proposé pour le grade de Sous-Lieutenant. Cité à l'ordre de la division. Croix de guerre.

CONILL André, mort au champ d'honneur, le 5 mai 1915.

Adjudant au 357e d'inf.

CORNET Marcel, mort au champ d'honneur, le 15 mai 1918, âge 21 ans.

Sous-Lieutenant au 372e d'inf. Cité à l'ordre du corps d'armée. Croix de guerre.

CORNET-AUQUIER André, né le 2 juillet 1887, mort au champ d'honneur.

Capitaine au 133e d'inf. Cité à l'ordre du corps d'armée. Légion d'honneur, Croix de guerre avec palme.

CORTOT Jean, mort au champ d'honneur, le 11 mai 1915, âge 21 ans (A.E.L.)

Soldat au 159e d'inf. Cité à l'ordre de l'armée.

COURTALHAC Auguste, mort pour la France.

Sous-Lieutenant au 43e d'art.

CRET Emile, mort au champ d'honneur, le 20 nov. 1917.

Chef de bataillon au 23e d'inf. Trois citations à l'ordre de l'armée. Officier de la Légion d'honneur.

CROLAS Jean, mort pour la France.

Caporal au 3e génie.

CROZIER Georges, mort au champ d'honneur, le 23 mars 1915, âge 20 ans (A.E.L.).

Aspirant au 62e chasseurs alpins. Cité.

CROZIER Henri (frère de Crozier Georges), mort au champ d'honneur, le 1er juin 1918, âge 21 ans.

Sous-Lieutenant au 133e d'inf. Trois citations.

CROZIER Julien, mort pour la France.

Caporal au 140e d'inf.

CUÉNOT Maurice, mort pour la France en avril 1918.

Aviateur.

CURNY Léon, mort au champ d'honneur, le 27 avril 1915.

Cavalier au 17e dragons.

CUZIN Louis, né à Lyon le 24 août 1877, mort pour la France, le 17 oct. 1914.

Capitaine au 24e d'inf. coloniale. Légion d'honneur.

CYVOCT Louis, mort au champ d'honneur, le 22 août 1914, âge 27 ans.

Capitaine au 30e d'inf. Cité à l'ordre de l'armée.

DALOUS Claudius, mort pour la France.

Sergent au 112e d'inf.

DARMET Louis, mort au champ d'honneur, le 2 sept. 1918, âge 26 ans.

Lieutenant au 28e chasseurs alpins. Cité à l'ordre de l'armée, de la division; deux citations à l'ordre du groupe et du bataillon de chasseurs. Légion d'honneur. Croix de guerre belge.

DAUJAT Philippe, mort au champ d'honneur, le 16 juin 1915, âge 26 ans.

Sous-Lieutenant au 5e d'art. Cité à l'ordre de la division. Croix de guerre.

DEFAYSSE Marius, mort pour la France.

DEGORS Roger, mort au champ d'honneur, le 24 mai 1915, âge 21 ans (A.E.L.).

Agent de liaison au 174e d'inf. Cité à l'ordre de la division.

DELANNEY Jean, mort au champ d'honneur, le 17 déc. 1914, âge 20 ans (A.E.L.).

Soldat au 75e d'inf.

DELEVAUD Camille, mort au champ d'honneur, le 29 juillet 1918, âge 19 ans (A.E.L.).

Soldat au 97e d'inf. Cité à l'ordre de la division.

DELPHIN Camille, mort au champ d'honneur, le 25 août 1917, âge 30 ans.

Adjudant au 6e hussards. Croix de guerre.

DELRIEUX Henri, mort pour la France, le 25 oct. 1916, âge 21 ans.

Soldat au 30e d'inf. Cité à l'ordre de la brigade. Croix de guerre.

DEMENTHON Gabriel, mort au champ d'honneur, le 13 sept. 1914, âge 24 ans.

Sergent-Major au 99e d'inf.

DEPASSIO Félix, mort pour la France, le 23 août 1914.

Sergent au 4e génie. Médaille militaire.

DESCOMBES Emile, mort au champ d'honneur, le 14 sept. 1914, âge 24 ans.

Sous-Lieutenant au 54e d'art. Cité à l'ordre de l'armée. Légion d'honneur.

DESCOMBES Claude, mort pour la France.

Lieutenant d'artillerie.

DESPATIN Joseph, mort au champ d'honneur, le 21 oct. 1918, âge 36 ans.

Soldat au 23e d'inf., Brigadier interprète à l'armée américaine. Cité à l'ordre de la division. Médaille militaire, Croix de guerre.

DESVIGNES Raymond, mort pour la France, le 1er sept. 1914, âge 21 ans (A.E.L.).

Soldat au 52e d'inf. Cité à l'ordre de la brigade, Croix de guerre.

DEVALLON Georges, mort pour la France.

Sous-Lieutenant à la D. I. A. Cité à l'ordre de l'armée.

DEVAY Paul, mort pour la France, le 1er août 1916.

Sous-Lieutenant au 359e d'inf.

DEVIENNE Jean, né le 24 déc. 1884, mort dans une reconnaissance aérienne, le 4 sept. 1914.

Lieutenant d'inf., pilote à l'escadrille D. G. Cité à l'ordre de l'armée

DEVISE Théophile, mort au champ d'honneur, le 22 mai 1915, âge 20 ans.

Sergent au 2e zouaves. Cité à l'ordre de l'armée d'Orient. Croix de guerre avec palme.

DIANOUX Marc, mort pour la France, le 14 juin 1915, âge 24 ans.

Téléphoniste au 52e d'inf.

DIDIER Marcel, mort pour la France.

Sous-Lieutenant au 42e d'inf.

DOLBEAU Marcel, mort pour la France.

Soldat au 99e d'inf.

DOLIVEUX Paul, mort pour la France.

Sous-Lieutenant au 35e d'inf.

DONAT Marcel, mort au champ d'honneur en sept. 1914, âge 31 ans.

Maréchal des Logis au 13e chasseurs à cheval, détaché au 75e d'inf. Cité.

DORÉ Olivier, mort au champ d'honneur, le 8 déc. 1915, âge 21 ans (A.E.L.).

Sergent au 2e rég. de marche d'Afrique (armée d'Orient). Cité à l'ordre du corps d'armée.

DORNIER Gilbert, mort au champ d'honneur, le 21 oct. 1914, âge 29 ans.

Capitaine au 275e d'inf. Cité à l'ordre de l'armée. Légion d'honneur, Croix de guerre avec palme.

DREVET Paul, mort au champ d'honneur, le 24 avril 1918.

Lieutenant au 22e d'inf. Trois fois cité. Légion d'honneur, Croix de guerre avec palme.

DRUT Charles, mort pour la France, le 9 août 1914, âge 23 ans.

Soldat au 23e d'inf.

DUBOIS Jean, mort au champ d'honneur, le 20 juillet 1915, âge 19 ans (A.E.L.).

Engagé volontaire au 24e chasseurs alpins. Proposé pour Aspirant.

DUBOIS Henri, mort au champ d'honneur, le 21 juillet 1918, âge 19 ans.

Engagé volontaire, Sous-Lieutenant au 412e d'inf. Trois fois cité. Légion d'honneur, Croix de guerre avec palme et Médaille d'argent de la Valeur Militaire italienne.

DUCHEZ Georges, mort pour la France, le 13 déc. 1917, âge 21 ans.

Caporal, aviation française en Italie. Médaille du front italien.

DUCHEZ Pierre, mort pour la France, le 2 juillet 1915, âge 41 ans.

Lieutenant au 9e dragons. Plusieurs citations. Légion d'honneur.

DUCOIN Charles, mort au champ d'honneur, le 25 sept. 1915, âge 28 ans (A.E.L.).

Sergent mitrailleur au 42e d'inf. coloniale.

DUFLOS René, mort au champ d'honneur, le 30 mars 1918, âge 22 ans.

Sous-Lieutenant au 159e d'inf. Trois citations : deux à l'ordre de la division, une à l'ordre du corps d'armée. Légion d'honneur, Croix de guerre.

DUFOUR Robert, mort au champ d'honneur, le 25 août 1918, âge 25 ans.

Sous-Lieutenant mitrailleur au 3e zouaves de marche. Deux citations. Légion d'honneur, Croix de guerre.

DUFOUR Victor, mort au champ d'honneur, le 28 août 1914.

Lieutenant au 157e d'inf.

DULYS Robert, mort au champ d'honneur, le 11 août 1915, âge 19 ans.

Sous-Lieutenant au 3e chasseurs à pied. Cité à l'ordre de l'armée.

DU PASQUIER ANDRÉ, mort au champ d'honneur, le 2 sept. 1914, âge 20 ans.

Lieutenant au 99e d'inf. Cité à l'ordre de l'armée.

DUPOUX LOUIS, mort au champ d'honneur, le 16 avril 1917, âge 19 ans.

Engagé volontaire à 18 ans. Sous-Lieutenant au 266e d'art. Cité à l'ordre de l'armée, Croix de guerre.

DUPREZ MARCEL, mort au champ d'honneur, le 14 juin 1916, âge 20 ans.

Engagé volontaire, Sergent au 8e tirailleurs algériens. Cité à l'ordre du régiment et à l'ordre de la brigade.

DUPUIS CHARLES, mort au champ d'honneur, le 11 août 1915.

Envoyé au front comme Caporal, nommé Sous-Lieutenant au 36e colonial. Cité à l'ordre du corps d'armée.

DUPUY PIERRE, mort au champ d'honneur, le 27 août 1918, âge 20 ans (A.E.L.).

Sergent au 97e d'inf. alpine. Cité à l'ordre de la division. Croix de guerre.

DURAND LOUIS, né le 25 mai 1890, mort au champ d'honneur, le 24 sept. 1914.

Cavalier au 17e dragons. Cité à l'ordre du régiment.

DURET GEORGES, mort au champ d'honneur, le 3 avril 1915.

Sergent au 17e d'inf. Cité à l'ordre de l'armée.

DURMEYER Georges-Elie, mort au champ d'honneur, le 11 mai 1918, âge 23 ans (A.E.L.).

Engagé volontaire, Lieutenant d'art., Pilote aviateur. Cité à l'ordre de la division. Croix de guerre.

DUSSUC Henry, mort au champ d'honneur, le 2 août 1916, âge 22 ans (A.E.L.).

Aspirant au 414e d'inf. Cité à l'ordre de l'armée.

ECOCHARD Alexandre, mort pour la France, le 16 juin 1915, âge 23 ans (A.E.L.).

Aspirant au 42e d'inf.

EPENOUX (RUFFIER d') Guy, mort au champ d'honneur, le 4 février 1915, âge 20 ans.

Sous-Lieutenant au 150e d'inf. Cité à l'ordre du corps d'armée. Légion d'honneur.

EPENOUX (RUFFIER d') Roger (frère de d'Epenoux Guy), mort au champ d'honneur, le 6 mars 1915, âge 23 ans.

Sergent-Major au 23e chasseurs alpins. Cité à l'ordre de la brigade.

ESCOFFIER Amédée, mort pour la France, le 26 oct. 1918, âge 45 ans (A.E.L.).

Caporal au 112e territ. d'inf., Section automobile.

EXPILLY Antoine, mort au champ d'honneur, le 11 mai 1915, âge 28 ans (A.E.L.).

Capitaine au 17e d'inf. Cité. Légion d'honneur.

EYMARD Georges, mort au champ d'honneur, le 16 juillet 1915, âge 20 ans.

Soldat au 159e d'inf.

FABRE André, mort au champ d'honneur, le 19 juin 1917, âge 35 ans.

Médecin aide-major de 1re classe. Cité. Croix de guerre.

FABRE Paul (frère de Fabre André), mort pour la France, le 17 sept. 1914, âge 26 ans.

Sergent-Major au 12e chasseurs alpins.

FAIVRE Henri, mort au champ d'honneur, le 7 sept. 1914, âge 20 ans.

Sous-Lieutenant au 133e d'inf.

FAUCHÈRE Maurice, mort pour la France.

FAUGIER Paul, mort au champ d'honneur, le 25 sept. 1915, âge 27 ans.

Sous-Lieutenant au 99e d'inf.

FAUQUET Armand, mort au champ d'honneur, le 29 août 1914, âge 27 ans (A.E.L.).

Chef de section au 99e d'inf.

FAUQUET Valère (frère de Fauquet Armand), mort au champ d'honneur, le 4 sept. 1914, âge 25 ans.

Caporal au 159e d'inf.

FAVRE Emile, mort pour la France, le 30 oct. 1914, âge 31 ans (A.E.L.).

Caporal au 35e d'inf.

FAYOLLE Adolphe, mort pour la France, le 29 oct. 1914.

Soldat au 24e chasseurs alpins. Cité à l'ordre de l'armée.

FEIGNIER Antoine, né le 3 janvier 1892, mort au champ d'honneur, le 2 sept. 1914.

Sergent au 52e chasseurs alpins.

FÉNÉTRIER Armand, mort pour la France, le 11 juillet 1915, âge 33 ans.

Sergent-fourrier au 99e d'inf.

FÉNÉTRIER Charles (frère de Fénétrier Armand), mort pour la France, le 22 oct. 1918, âge 38 ans.

Soldat affecté au service des T. S.

FESQUET Marcel, mort au champ d'honneur, le 18 mars 1916, âge 25 ans.

Sous-Lieutenant au 5e d'art.

FILIPPINI Louis, mort pour la France, le 15 mai 1915, âge 20 ans.

Soldat, engagé volontaire, Agent de liaison au 27e d'inf. Cité à l'ordre du régiment. Croix de guerre.

FOND Robert, mort au champ d'honneur, le 27 sept. 1915, âge 23 ans.

Lieutenant au 2e d'art. de campagne. Cité à l'ordre de l'armée et du corps d'armée. Légion d'honneur.

FONTAINE Jean, mort pour la France.

Sous-Lieutenant au 163e d'inf. Trois citations.

FORAY Raymond, mort au champ d'honneur, le 24 sept. 1917, âge 21 ans.

Aspirant au 348e d'inf. Cité à l'ordre de la division. Croix de guerre.

FOREL Maurice, mort au champ d'honneur, le 30 sept. 1915, âge 18 ans.

Engagé volontaire à 17 ans, Soldat au 2e chasseurs.

FORT Pierre, mort au champ d'honneur, le 28 juillet 1916.

Aspirant au 54e d'art.

FOUCHÈRE Maurice, mort des suites de ses blessures, en sept. 1914.

Caporal au 28e chasseurs alpins.

FOURNIER Frédéric, mort au champ d'honneur, le 14 mai 1915, âge 19 ans.

Caporal-grenadier au 158e d'inf.

FOURNIER Claudius, mort pour la France, le 25 août 1918, âge 28 ans.

Brigadier au 41e d'art. coloniale. Cité à l'ordre du régiment. Croix de guerre.

FOURNIER Henri (frère de Fournier Claudius), mort au champ d'honneur, le 14 oct. 1914, âge 25 ans.

Brigadier au 30e dragons. Cité à l'ordre du régiment. Croix de guerre.

FRACHON Antoine, mort au champ d'honneur, le 30 mai 1918, âge 23 ans (A.E.L.).

Maréchal des Logis au 5e cuirassiers à pied. Citation avec Croix de guerre.

FRACQUE Paul, mort au champ d'honneur, juin 1916.

Lieutenant-Colonel d'art. Officier de la Légion d'honneur, décoré de l'ordre anglais : Compagnon de Saint-Georges et de Saint-Michel. Cité à l'ordre de l'armée et de la division.

FREYDIER-DUBREUL Henri, mort au champ d'honneur, le 26 avril 1918, âge 27 ans.

Sous-Lieutenant au 154e d'art. Trois citations. Légion d'honneur.

FURTIN Claude, mort pour la France, le 28 sept. 1914, âge 42 ans.

Capitaine au 99e d'inf. Chevalier de la Légion d'honneur.

GACHET Pierre, mort au champ d'honneur, le 7 mai 1915.

Sous-Lieutenant au 359e d'inf. Cité à l'ordre de l'armée.

GACHON Louis, mort au champ d'honneur, le 26 sept. 1915, âge 21 ans.

Soldat au 15e d'inf.

GADOUD Louis, mort au champ d'honneur, le 16 avril 1917, âge 20 ans.

Soldat au 132e d'inf.

GAGNON Henri, mort au champ d'honneur, le 11 nov. 1914, âge 23 ans.

Sous-Lieutenant au 20e chasseurs à cheval, détaché comme officier de liaison au 19e chasseurs. Cité à l'ordre de l'armée. Légion d'honneur.

GALLICI-RANCY Théodore, mort pour la France.

Soldat cycliste.

GAUTHIER Georges, mort au champ d'honneur, le 18 mai 1917, âge 22 ans (A.E.L.).

Médecin auxiliaire au 2e rég. mixte de zouaves et tirailleurs. Cité à l'ordre du régiment et de la division. Médaille militaire, Croix de guerre avec palme.

GAUTIER ANTONIN, mort au champ d'honneur, le 15 sept. 1918, âge 23 ans.

Adjudant pilote d'une escadrille de chasse. Cité. Croix de guerre.

GAY GEORGES, mort au champ d'honneur, le 7 mai 1917, âge 40 ans (A.E.L.).

Sous-Lieutenant au 110e territorial. Croix de guerre.

GÉNIER LOUIS, mort au champ d'honneur, le 6 oct. 1915, âge 42 ans (A.E.L.).

Capitaine Adjudant-Major au 17e chasseurs. Cité à l'ordre du corps d'armée. Légion d'honneur, Croix de guerre avec palme.

GENTET GABRIEL, mort au champ d'honneur, le 9 juillet 1915, âge 19 ans.

Aspirant au 23e d'inf.

GÉRARD LOUIS, mort pour la France, le 27 sept. 1914, âge 27 ans (A.E.L.).

Sergent au 22e d'inf.

GÉRARD MARCEL, mort à son poste, le 11 août 1918, âge 20 ans.

Radiotélégraphiste au 8e génie. Cité à l'ordre du corps d'armée. Croix de guerre.

GERSBACH Paul, mort pour la France, âge 30 ans.

Lieutenant au 37e colonial. Campagne au Cameroun, puis en France et en Orient. Deux citations. Croix de guerre. Médaille coloniale avec agrafe.

GERVAIS, mort au champ d'honneur, en 1914.

Sous-Lieutenant au 98e d'inf.

GERVÉSIE Hector, né le 23 février 1894, mort au champ d'honneur, le 28 sept. 1915.

Sergent au 407e d'inf. Cité à l'ordre du régiment. Croix de guerre.

GILLET Raymond, mort au champ d'honneur, le 16 juin 1915, âge 23 ans.

Aspirant au 60e, puis au 42e d'inf.

GINON Joseph, mort pour la France, le 16 oct. 1916, âge 25 ans.

Sergent à la 14e section d'infirmiers.

GIRAUD Antonin, mort pour la France, le 9 janvier 1918, âge 20 ans.

Engagé volontaire au 369e d'inf. Croix de guerre.

GIRAUT Pierre, mort au champ d'honneur, le 17 mars 1915, âge 20 ans.

Soldat au 174e d'inf.

GIRIN Maurice, mort au champ d'honneur, le 17 mars 1915, âge 21 ans.

Caporal au 174e d'inf.

GIRODON Pierre, né le 25 déc. 1869, mort au champ d'honneur, le 23 sept. 1916.

Général de brigade à l'Etat-Major général de l'armée, commandant la 12e division d'infanterie. Cité à l'ordre de l'armée d'Orient. Commandeur de la Légion d'honneur.

GIVAUDAN Albert, mort pour la France.

Sergent au 17e d'inf.

GLORIAUD, mort pour la France, en 1917, à bord de l'*Ariadne* torpillé.

Ingénieur des constructions navales.

GLOXIN Albert, mort des suites de ses blessures, le 27 juin 1915, âge 39 ans (A E.L.).

Capitaine au 42e chasseurs à pied. Trois citations à l'ordre de l'armée. Légion d'honneur, Croix de guerre.

GODINOT Francis, mort pour la France, le 16 oct. 1919, âge 45 ans (A.E.L.).

Colonel à l'Etat-Major de l'armée. Légion d'honneur, Croix de guerre, Croix du mérite militaire belge.

GONNARD Philippe, mort au champ d'honneur, le 28 oct. 1916, âge 37 ans.

Prof. au Lycée Ampère, Adjudant au 299e d'inf. Cité à l'ordre de la division. Croix de guerre.

GONNET François, mort au champ d'honneur, le 27 juin 1918, âge 30 ans.

Soldat au 38e d'inf. Cité à l'ordre de la brigade. Croix de guerre.

GONNET Jean, mort au champ d'honneur, le 19 août 1914.

Lieutenant au 30e chasseurs alpins. Cité à l'ordre de l'armée.

GOUNON Marcel, mort en combat aérien, le 21 juillet 1916, âge 20 ans (A.E.L.).

Sous-Lieutenant aviateur (escadrille M. F. 16). Cité à l'ordre de l'escadrille et de l'armée. Légion d'honneur, Croix de guerre avec palme et étoile.

GOURDON Pierre, mort au champ d'honneur, le 7 juin 1917.

Engagé volontaire. Sous-Lieutenant d'artillerie à l'escadrille 201. Cite à l'ordre de l'armée et du corps d'armée. Légion d'honneur, Croix de guerre

GRANDCLÉMENT Ernest, mort pour la France, le 19 sept. 1916, âge 40 ans (A.E.L.).

Lieutenant au 359e d'inf. Deux citations. Légion d'honneur, Croix de guerre.

GRIACHE Louis, mort au champ d'honneur, le 23 oct. 1917, âge 22 ans (A.E.L.).

Lieutenant au 2e d'art., passé à l'art. d'assaut. Deux fois cité à l'ordre de l'armée.

GROS Henri, mort au champ d'honneur, le 17 sept. 1916, âge 24 ans.

Lieutenant au 86e d'inf. Trois fois cité. Légion d'honneur, Croix de guerre.

GUBIAN (Roger-Pierre-René), mort au champ d'honneur, le 26 août 1914.

Sous-Lieutenant au 299e d'inf. Cité à l'ordre de l'armée. Légion d'honneur, Croix de guerre avec étoile de vermeil.

GUERRIER Jean, mort au champ d'honneur, 25 sept. 1915, âge 28 ans.

Adjudant au 52e d'inf. Cité à l'ordre du corps d'armée. Croix de guerre.

GUEYTAT Alphonse, mort au champ d'honneur, le 26 sept. 1914.

Chef de bataillon au 63e d'inf. Cité à l'ordre de l'armée. Légion d'honneur.

GUEYTAT Paul (frère de Gueytat Alphonse), mort au champ d'honneur, le 18 août 1914.

Capitaine au 13e chasseurs à pied (groupe cycliste 6e div. de cavalerie). Cité à l'ordre de la division. Légion d'honneur, Croix de guerre, Médailles du Maroc, du Nicham Iftikar, du Nicham Hafidien.

GUILLAUME Edouard, mort au champ d'honneur, en octobre 1914, âge 28 ans (A.E.L.).

Capitaine au 131e d'inf.

GUILLERMAIN Henri, mort au champ d'honneur, le 10 oct. 1916, âge 20 ans (A.E.L.).

Sergent au 273e d'inf. Cité. Croix de guerre.

GUILLET Edmond, mort pour la France.

Aspirant à l'Ecole militaire d'artillerie de Fontainebleau.

GUINON Augustin, mort pour la France, le 21 oct. 1918, âge 30 ans.

Aspirant au 268e d'art. de campagne. Trois fois cité. Croix de guerre.

GUSTELLE André, mort au champ d'honneur, le 31 oct. 1914, âge 20 ans (A.E.L.)

Engagé volontaire, Caporal au 140e d'inf.

HARTAUT Hugues, mort au champ d'honneur, le 4 sept. 1914, âge 20 ans (A.E.L.).

Caporal au 28e chasseurs alpins.

HARTMANN Georges, mort au champ d'honneur, le 21 juillet 1918, âge 21 ans (A.E.L.).

Sous-Lieutenant au 52e chasseurs alpins. Légion d'honneur, Croix de guerre avec palme.

HEINRICH Paul, mort au champ d'honneur, le 16 sept. 1916. âge 38 ans (A.E.L.).

Caporal au 54e territ. d'inf

HÉRARD Antoine, mort pour la France au Mont Kemmel (Belgique), le 25 avril 1918, âge 30 ans.

Soldat au 416e d'inf.

HILAIRE Marcel, mort pour la France, le 7 mars 1918, âge 23 ans (A.E.L.).

Sous-Aide Major au 79e d'inf. Croix de guerre.

HILDGEN Jean, mort au champ d'honneur, le 1er sept. 1914, âge 19 ans.

Sergent-Major au 159e d'inf. Cité à l'ordre de l'armée.

HIRTZ Lucien, mort au champ d'honneur, le 18 sept. 1917, âge 20 ans.

Aspirant au 245e d'inf. Cité à l'ordre du régiment. Croix de guerre.

HOFFHERR Marcel, mort au champ d'honneur, le 17 avril 1917, âge 23 ans (A.E.L.).

Adjudant mitrailleur au 11e d'inf. Croix de guerre.

HOLSTEIN Henri, né le 24 juin 1890, mort au champ d'honneur, le 12 août 1914 (A.E.L.).

Maréchal des Logis au 17e dragons. Cité à l'ordre de la division.

HUGOUNENQ GABRIEL, mort au champ d'honneur, le 28 avril 1916, âge 26 ans.

Engagé volontaire, Soldat au 30e d'inf.

HUGOUNENQ PAUL (frère de Hugounenq Gabriel), mort au champ d'honneur, le 24 oct. 1916, âge 24 ans (A.E.L.).

Sous-Lieutenant au 230e d'inf. Cité à l'ordre de la brigade et à l'ordre de l'armée. Croix guerre avec palme.

HUMANN, mort pour la France.

Commandant.

IMBERT PIERRE, mort au champ d'honneur, le 24 déc. 1915, âge 21 ans (A.E.L.).

Sous-Lieutenant au 152e d'inf. Cité à l'ordre de la division. Croix de guerre.

ISAAC PHILIPPE, mort au champ d'honneur, le 25 sept. 1915, âge 34 ans.

Lieutenant au 1er d'art. de montagne. Trois fois cité.

JABELY ANDRÉ, mort au champ d'honneur, le 5 avril 1915.

Sergent au 13e d'inf.

JABOULAY MARCEL, mort pour la France, le 19 sept. 1918.

Aspirant au 248e d'art.

JARLIER Emile, mort au champ d'honneur, le 9 mai 1915.

Sous-Lieutenant au 88e d'inf. Cité à l'ordre de l'armée.

JARRIN Emmanuel, mort pour la France, le 21 sept. 1915, âge 22 ans (A.E.L.).

Lieutenant d'Etat-Major au 26e d'art. Croix de guerre.

JARRY Emile, mort au champ d'honneur, le 5 mai 1915, âge 30 ans.

Caporal au 357e d'inf.

JARROSSON Paul, mort au champ d'honneur, le 1er juillet 1916, âge 26 ans.

Lieutenant d'art. Légion d'honneur.

JETTE Symphor, mort au champ d'honneur, le 7 mai 1916, âge 22 ans (A.E.L.).

Médecin auxiliaire. Cité à l'ordre de la division. Croix de guerre.

JOANNARD Philibert, mort au champ d'honneur, le 9 août 1915, âge 31 ans.

Adjudant au 17e dragons. Cité.

JULIEN Charles, mort au champ d'honneur, le 7 déc. 1915, âge 20 ans.

Caporal-fourrier au 97e d'inf. Cité à l'ordre de la brigade, et du corps d'armée. Croix de guerre avec étoiles.

JULLIANY, mort au champ d'honneur, le 19 août 1914.

Capitaine au 97e d'inf. Cité à l'ordre de l'armée. Croix de guerre avec palme.

JUVANON Henri, mort pour la France.

JUVENETON Paul, mort au champ d'honneur, le 23 juillet 1918.

Sous-lieutenant au 23e d'inf. Cité à l'ordre du corps d'armée. Légion d'honneur, Croix de guerre.

KAEGI Charles, mort au champ d'honneur, le 29 août 1914.

Caporal au 60e d'inf.

KAHN Marcel, mort pour la France, le 7 nov. 1918, âge 30 ans (A.E.L.)

Sous-Lieutenant à la 9e section de 75 autos.

KLÉBER, mort pour la France.

Directeur des travaux de la ville de Saint-Dié.

KUHN Maurice, mort au champ d'honneur, le 17 juin 1915, âge 23 ans (A.E.L.).

Sous-lieutenant au 7e génie. Cité à l'ordre de l'armée.

LABALME Paul, mort au champ d'honneur, le 28 juillet 1916, âge 23 ans.

Sous-Lieutenant au 27e d'inf. Cité à l'ordre de l'armée. Croix de guerre avec palme.

LABORIE Joseph, mort au champ d'honneur, le 29 août 1914, âge 22 ans.

Lieutenant au 105e d'inf.

LACHENAL Hector, mort pour la France, le 29 oct. 1916, âge 23 ans.

Sous-Lieutenant au 97e d'inf. Croix de guerre.

LACROIX Jean, mort pour la France, en 1917, âge 20 ans (A.E.L.).

Brigadier au 114e d'art. lourde.

LAFAY André, mort pour la France, en mai 1916.

Caporal brancardier, 8e section.

LAGÉRIE (de) Bertrand, mort pour la France.

Capitaine d'inf.

LAMARQUE Georges, mort pour la France, le 7 sept. 1914, âge 25 ans.

Sous-Lieutenant au 304e d'inf. Cité à l'ordre de l'armée. Croix de guerre.

LAMBERT Jean, mort pour la France, 15 oct. 1918, âge 23 ans (A.E.L.).

Caporal au 21e génie. Cité à l'ordre de la division. Croix de guerre.

LAMBERT René, mort au champ d'honneur, le 1er juin 1918, âge 21 ans (A.E.L.).

Aspirant au 134e d'inf. Cité à l'ordre de la division. Croix de guerre.

LAMOUNETTE André, mort au champ d'honneur, le 30 avril 1917.

Médecin auxiliaire. Trois fois cité (brigade, division et armée).

LANNOIS Jean, mort au champ d'honneur, le 2 sept. 1918, âge 22 ans.

Engagé volontaire, Sergent au 12e tirailleurs malgaches. Cité à l'ordre de la division. Croix de guerre.

LAPAINE Robert, mort pour la France.

Commissaire auxiliaire de la marine.

LARACINE René, mort au champ d'honneur, le 28 août 1916, âge 21 ans.

Caporal-fourrier au 140e d'inf.

LAURENT Robert, mort pour la France.

Sous-Lieutenant au 7e cuirassiers, détaché au 16e d'inf.

LAUVERNET Louis, mort au champ d'honneur, le 24 avril 1918, âge 28 ans.

Sous-Lieutenant au 340e d'inf. Cité à l'ordre de la brigade et du régiment.

LAVIROTTE HENRI, mort pour la France, le 9 fév. 1915, âge 37 ans.

Sergent-major au 111e d'inf. Croix de guerre.

LAVIROTTE MARCEL, mort pour la France, le 13 août 1917, âge 39 ans.

Soldat au 54e d'art.

LEBERT HENRI, mort pour la France (A.E.L.).

LÉGER GEORGES, mort pour la France, le 29 sept. 1915, âge 32 ans (A.E.L.).

Médecin auxiliaire au 53e d'inf. Cité à l'ordre de l'armée.

LEGORJU MAURICE, mort en combat aérien, le 29 juillet 1918, âge 23 ans.

Maréchal des logis pilote aviateur escad. 287, Médaille militaire, Croix de guerre avec palme.

LEIRIS (DE) HENRI, mort au champ d'honneur, le 5 mai 1916, âge 45 ans.

Commandant 170e d'inf. Deux citations à l'ordre de l'armée. Croix de guerre avec deux palmes, Légion d'honneur.

LERICHE ERNEST, mort pour la France.

LESTRAC (DE) BERNARD, mort au champ d'honneur, le 29 août 1914, âge 19 ans.

Sous-Lieutenant au 5e d'inf. Cité à l'ordre de l'armée.

LETORD Eugène, mort au champ d'honneur, le 25 sept. 1915, âge 47 ans (A.E.L.).

Capitaine au 2e tirailleurs de marche. Légion d'honneur, Médaille coloniale, Médaille du Maroc.

LEVRAULT Louis, mort au champ d'honneur, le 4 sept. 1914, âge 30 ans.

Sergent au 52e d'inf.

LÉVY Henri, mort au champ d'honneur, le 20 sept. 1914, âge 25 ans (A.E.L.).

Sergent au 3e zouaves.

LÉVY Paul, mort au champ d'honneur, le 9 mai 1915, âge 24 ans (A.E.L.).

Lieutenant au 1er étranger. Cité à l'ordre de la division.

LÉVY Pierre, mort au champ d'honneur, le 12 juillet 1915, âge 19 ans (A.E.L.).

Soldat au 2e zouaves. Cité à l'ordre de l'armée. Croix de guerre.

LÉVY René, mort au champ d'honneur, 19 janvier 1918, âge 26 ans.

Lieutenant au 265e d'art. de campagne. Cité à l'ordre de l'armée et de la division. Légion d'honneur, Croix de guerre.

L'HEUREUX Marcel, mort au champ d'honneur, le 19 nov. 1914, âge 25 ans.

Caporal au 2e zouaves.

LONGEVIALLE (FALCON DE) JOSEPH, mort au champ d'honneur, le 27 août 1914, âgé 32 ans.

Lieutenant au 38e d'inf. Cité à l'ordre de l'armée.

LOURD FRANÇOIS, mort des suites de ses blessures, le 21 janvier 1915.

Soldat au 3e de ligne.

LUIZET LOUIS, mort au champ d'honneur, le 24 oct. 1916, âge 23 ans.

Sous-Lieutenant au 230e d'inf. Cité à l'ordre de l'armée. Légion d'honneur, Croix de guerre avec palme.

LUTZIUS GEORGES, tombé en combat aérien, le 16 juillet 1918, âge 21 ans.

Sous-Lieutenant, pilote aviateur. Cité. Légion d'honneur.

MAHIEU LOUIS, mort pour la France, le 8 oct. 1918, âge 32 ans.

Soldat au 17e d'inf. Cité à l'ordre de l'armé et du régiment. Croix de guerre.

MAIRE FRANÇOIS, mort au champ d'honneur, le 19 mars 1917.

Sous-Lieutenant au 172e d'inf. Cité à l'ordre du régiment et de l'armée. Croix de guerre.

MANGINI LUCIEN, mort au champ d'honneur, le 18 avril 1916, âge 28 ans (A.E.L.).

Médecin Aide-Major de 2e classe au 147e d'inf. Cité à l'ordre du corps d'armée. Légion d'honneur.

MANTELIER PIERRE, tué dans une reconnaissance.

MARINET JOSEPH, mort au champ d'honneur, le 25 sept. 1915, âge 19 ans.

Sous-Lieutenant au 30e d'inf.

MARION CAMILLE, mort au champ d'honneur, le 14 août 1914, âge 21 ans.

Soldat au 140e d'inf.

MARREL ALBERT, mort pour la France, le 2 mars 1915, âge 27 ans.

Sous-Lieutenant au 14e dragons.

MARTIN GEORGES, mort pour la France.

Capitaine de chasseurs.

MARTIN JEAN, mort au champ d'honneur, le 25 sept. 1915, âge 27 ans.

Soldat au 35e d'inf. Cité à l'ordre du régiment.

MARTIN René (frère de Martin Jean), mort au champ d'honneur, le 10 avril 1918, âge 42 ans.

Commandant le génie de la 38e division. Cité à l'ordre de la division et de l'armée. Légion d'honneur, Croix de guerre.

MASSONI François, mort au champ d'honneur, le 2 sept. 1914, âge 22 ans.

Elève Caporal au 52e d'inf.

MASSOT Victor, mort pour la France, le 3 déc. 1915, âge 28 ans.

Infirmier 14e section.

MATHIEU Charles, mort au champ d'honneur, le 15 juin 1915.

Sergent-fourrier au 23e chasseurs alpins. Cité à l'ordre du bataillon.

MATHIEU Louis, mort en captivité.

Soldat au 17e d'inf. Cité.

MATRAY Etienne, mort au champ d'honneur, le 30 nov. 1914, âge 20 ans.

Caporal au 53e d'inf. Cité. Croix de guerre.

MAUNIER Gabriel, mort au champ d'honneur, le 23 mai 1918.

Sapeur au 7e génie. Médaille militaire, Croix de guerre.

MAUNIER Joseph (frère de Maunier Gabriel), mort au champ d'honneur, le 28 février 1915.

Engagé volontaire. Caporal-fourrier au 44e d'inf. Médaille militaire, Croix de guerre.

MAYEUX Georges, mort au champ d'honneur, le 20 août 1914.

Lieutenant au 27e d'inf.

MAZERAN Francis, mort au champ d'honneur, le 19 août 1914, âge 26 ans (A.E.L.).

Lieutenant au 5e d'inf. coloniale. Cité à l'ordre du régiment. Médaille coloniale. Légion d'honneur, Croix de guerre.

MAZOYER Bruno, mort au champ d'honneur au Cameroun, le 2 déc. 1915.

Capitaine d'inf.

MÉRIT Paul, mort au champ d'honneur, le 4 sept. 1916.

Caporal au 50e sénégalais.

METTETAL Robert, mort au champ d'honneur, le 12 nov. 1914, âge 27 ans (A.E.L.).

Lieutenant au 60e d'inf. Cité à l'ordre du corps d'armée.

MICHEAUX (de) Jean, mort au champ d'honneur, le 2 juin 1918 âge 24 ans (A.E.L.).

Sous-Lieutenant au 18e chasseurs à cheval. Deux citations à l'ordre du corps de la cavalerie. Légion d'honneur, Croix de guerre avec étoile d'or.

MICHEL JEAN, mort pour la France.

MICHEL MARCEL, mort au champ d'honneur, le 28 sept. 1914.

Sous-Lieutenant au 215e d'inf.

MIGNOT JEAN, mort au champ d'honneur, le 20 juin 1916, âge 22 ans.

Soldat au 149 d'inf.

MIJOLLA (DE) XAVIER, mort au champ d'honneur, le 19 août 1914.

Sous-Lieutenant au 97e d'inf. Cité à l'ordre de la division.

MILLARDON HENRI, mort au champ d'honneur, le 4 sept. 1918, âge 38 ans (A.E.L.).

Sergent au 143e d'inf.

MILLEVOYE, PIERRE, mort au champ d'honneur, le 7 mai 1915, âge 33 ans (A.E.L.).

Sous-Lieutenant au 359e d'inf. Cité à l'ordre de l'armée. Croix de guerre.

MILLION VINCENT, mort au champ d'honneur, le 3 sept. 1916.

Caporal au 53e chasseurs alpins. Cité. Croix de guerre.

MILLOUR JEAN, mort au champ d'honneur, le 16 juin 1915.

Caporal au 8e zouaves.

MIRONNEAU Marcel, mort au champ d'honneur, le 10 janvier 1915.

Lieutenant au 231e d'inf. Cité à l'ordre du régiment, de la division et du corps d'armée.

MONNIER Louis, mort au champ d'honneur, le 16 juin 1915, âge 33 ans.

Adjudant au 159e d'inf.

MONROUX Auguste, mort au champ d'honneur, le 13 sept. 1914, âge 47 ans.

Capitaine au 16e d'inf. Cité à l'ordre de l'armée.

MONTOZON-BRACHET Gustave, mort au champ d'honneur, le 17 sept. 1914.

Commandant d'état-major. Deux citations à l'ordre de l'armée.

MOREL Louis, né le 7 déc. 1897, mort au champ d'honneur, le 23 oct. 1917.

Mitrailleur (artillerie spéciale). Cité. Croix de guerre.

MOREL Paul, mort au champ d'honneur, le 29 juin 1918, âge 20 ans.

Sergent, élève-aspirant au 408e d'inf. Cité à l'ordre du régiment. Croix de guerre.

MOULIÈRES Jean, mort au champ d'honneur, le 28 juin 1915, âge 24 ans (A.E.L.).

Caporal au 157e d'inf.

MOUNIER Aristide, mort au champ d'honneur, le 22 août 1914, âge 37 ans.

Lieutenant au 2e zouaves. Cité à l'ordre de la division. Légion d'honneur.

MOUNIER Marcel, mort au champ d'honneur, le 15 déc. 1916, âge 18 ans (A.E.L.).

Engagé volontaire, Caporal au 2e tirailleurs de marche. Médaille du Maroc.

MOURIER Charles, mort au champ d'honneur, le 28 août 1914.

Lieutenant au 12e chasseurs alpins. Cité à l'ordre de l'armée.

MOUSSET Philippe, mort au champ d'honneur, le 13 mai 1915, âge 21 ans.

Sergent au 97e d'inf.

NALPOWIK Jean, mort au champ d'honneur, le 29 août 1916, âge 18 ans.

Téléphoniste au 114e d'art. lourde. Cité à l'ordre du corps d'armée. Croix de guerre.

NÉGRET Henri, mort au champ d'honneur, le 20 sept. 1916.

Médecin auxiliaire au 45e d'art. Cité à l'ordre de la division.

OLLIER François, né le 17 août 1882, mort au champ d'honneur, le 19 août 1914 (A.E.L.).

Engagé volontaire au 159e d'inf.

ORSAT Camille, mort au champ d'honneur, le 28 sept. 1915.

Caporal au 140e d'inf. Cité à l'ordre du corps d'armée.

PAGÈS Emile, mort au champ d'honneur, le 19 avril 1918, âge 25 ans.

Cavalier au 2e dragons. Citation. Croix de guerre.

PAGET Maurice, mort pour la France en 1917, âge 23 ans (A.E.L.).

PAGNOZ Albert, mort au champ d'honneur, le 11 janvier 1915, âge 30 ans.

Lieutenant au 371e d'inf. Cité à l'ordre de la brigade et de l'armée.

PAILLAC Marcel, mort au champ d'honneur, le 18 juillet 1918, âge 38 ans (A.E.L.).

Capitaine de réserve au 53e d'art. Quatre fois cité. Légion d'honneur.

PALÉOLOGUE Auguste, mort au champ d'honneur, le 1er mai 1916, âge 38 ans.

Capitaine au 170e d'inf. Trois citations. Croix de guerre avec cinq palmes. Officier de la Légion d'honneur.

PAUFIQUE Jacques, mort au champ d'honneur, le 28 sept. 1916.

Sous-Lieutenant au 16e chasseurs. Cité à l'ordre de la division et de l'armée, Légion d'honneur.

PAULUS André, mort au champ d'honneur, le 3 oct. 1915, âge 21 ans.

Sous-Lieutenant au 30e bat. alpin. Cité à l'ordre de l'armée. Croix de guerre avec palme.

PAVILLON Philippe, mort au champ d'honneur, le 5 avril 1915, âge 22 ans (A.E.L.).

Aspirant au 168e d'inf.

PAVILLON René, mort pour la France en 1917, âge 25 ans (A.E.L).

PEAUCELLIER André, mort pour la France.

Lieutenant au 31e dragons.

PEILLON François, mort au champ d'honneur, le 8 janvier 1915.

Aspirant au 204e d'inf.

PELLET Jean, mort au champ d'honneur, le 21 février 1915, âge 19 ans.

Soldat au 44e chasseurs.

PERRET Auguste, mort au champ d'honneur, le 24 juillet 1916, âge 30 ans.

Sous-Lieutenant au 8e colonial. Cité à l'ordre du régiment et de la brigade.

PERRET Louis, né le 15 janvier 1887, mort au champ d'honneur, le 31 oct. 1914.

Lieutenant au 52e d'inf.

PEREYRON Maurice, mort au champ d'honneur, le 27 août 1914.

Sergent-fourrier au 22e d'inf.

PERRIN Louis, mort au champ d'honneur, le 24 juillet 1915, 23 ans (A.E.L.).

Sous-Lieutenant au 23e d'inf. Cité à l'ordre de la brigade et de l'armée. Croix de guerre.

PERRIN Jean, mort pour la France, le 18 août 1918.

Adjudant au 334e d'inf.

PERRODIN Jules, né le 5 juillet 1881, mort au champ d'honneur, le 30 oct. 1914.

Capitaine au 134e d'inf. Cité à l'ordre de l'armée. Légion d'honneur.

PETIT André, mort au champ d'honneur, le 30 mai 1918, âge 20 ans.

Sous-Lieutenant au 254e d'art. Deux citations à l'ordre de la division et une à l'ordre de l'armée. Croix de guerre.

PETIT GEORGES (frère de Petit André), mort au champ d'honneur, le 11 déc. 1914, âge 23 ans.

Sous-Lieutenant au 2e génie. Deux citations à l'ordre de l'armée et une à l'ordre du corps d'armée. Croix de guerre.

PETIT PIERRE, mort au champ d'honneur, le 18 août 1914, âge 21 ans.

Sergent au 22e d'inf. Cité à l'ordre du corps d'armée. Croix de guerre.

PEYROCHE JEAN, mort au champ d'honneur, le 20 juillet 1918.

Lieutenant au 174e d'inf. Cité à l'ordre de l'armée. Croix de guerre.

PÉZENAS EUGÈNE, mort au champ d'honneur.

Sous-Lieutenant. Cité à l'ordre de l'armée. Légion d'honneur.

PHILIBERT GABRIEL, mort au champ d'honneur, le 14 sept. 1914, âge 21 ans.

Sergent au 23e d'inf.

PHILIPPART ROGER, mort au champ d'honneur, le 3 janvier 1915.

Soldat au 99e d'inf.

PIALLA FRANCIS, mort au champ d'honneur, le 26 sept. 1914, âge 22 ans.

Lieutenant au 75e d'inf. Cité à l'ordre de l'armée.

PIC Eugène, mort au champ d'honneur, le 23 mars 1917, âge 21 ans (A.E.L.).

Sous-Lieutenant au 75e d'inf. Cité à l'ordre de la brigade et de l'armée. Blessé trois fois. Croix de guerre avec palme. Auteur du livre : *Dans la tranchée.*

PICARD Jean, T. S. F. à bord du croiseur patrouilleur *Golo II*, disparu dans le torpillage du bâtiment, le 22 août 1917, âge 18 ans.

PICARD Gaston, mort au champ d'honneur, le 18 février 1918, âge 21 ans.

Engagé volontaire, Aspirant au 53e d'art. Cité à l'ordre de l'armée. Médaille militaire, Croix de guerre avec palme.

PIERRET Armand, mort au champ d'honneur, le 7 avril 1915, âge 26 ans.

Adjudant. Cité à l'ordre de l'armée.

PIGNARD Antoine, mort au champ d'honneur, le 14 juin 1915.

Soldat au 15e chasseurs à pied.

PILLET François, mort au champ d'honneur, le 23 sept. 1914.

Lieutenant au 32e d'art. Cité à l'ordre de l'armée.

PINAY Pierre, mort au champ d'honneur, le 16 déc. 1914, âge 22 ans.

Soldat au 4e zouaves.

PIQUET PAUL, mort au champ d'honneur, le 8 juillet 1915, âge 20 ans.

Aspirant au 133e d'inf. ; proposé pour Sous-Lieutenant.

PISSARD PAUL, mort au champ d'honneur, le 29 août 1914, âge 32 ans.

Lieutenant au 22e d'inf.

PLANTIER PIERRE, mort au champ d'honneur, le 25 avril 1918, âge 21 ans (A.E.L.).

Engagé volontaire, Maréchal des logis au 266e d'art. Trois fois cité. Croix de guerre.

PLAT CLAUDE, né le 18 mars 1890, mort au champ d'honneur, le 20 août 1914.

Sergent au 43e chasseurs à pied.

POMMIER VICTOR, mort au champ d'honneur, le 14 août 1914, âge 33 ans.

Capitaine au 38e d'inf. Cité.

PONS JEAN, né le 20 mars 1894, mort de ses blessures, le 19 oct. 1914.

Engagé volontaire, Brigadier au 2e dragons.

PONSOT JOSEPH, mort au champ d'honneur, le 9 août 1916, âge 34 ans.

Capitaine d'inf. colon. Cité deux fois à l'ordre de l'armée. Légion d'honneur, Croix de guerre.

POSTH Charles, mort au champ d'honneur, le 25 sept. 1915.

Chef de bataillon au 3e d'inf. colon. Cité à l'ordre de l'armée. Légion d'honneur.

POUCHIN Pierre, mort au champ d'honneur, le 11 janvier 1915, âge 25 ans.

Médecin auxiliaire au 158e d'inf. Cité à l'ordre de l'armée. Croix de guerre avec palme.

PRENEUX Olivier, mort au champ d'honneur, le 13 août 1914.

Sergent au 235e d'inf.

PRÉTET Paul, mort au champ d'honneur, le 25 août 1914, âge 19 ans.

Sous-Lieutenant au 52e d'inf.

PRÉVOT Jean, mort au champ d'honneur, le 25 sept. 1915, âge 43 ans (A.E.L.).

Lieutenant-Colonel au 2e d'inf. colon. Brillantes campagnes coloniales. Trois citations à l'ordre de l'armée. Officier de la Légion d'honneur, Croix de guerre avec trois palmes.

PRIVAT Albert, mort des suites de ses blessures, le 1er mai 1917, âge 20 ans (A.E.L.).

Sous-Lieutenant au 125e d'inf. Cité à l'ordre de la brigade, du corps d'armée et de l'armée. Légion d'honneur, Croix de guerre.

PRIVET Jules, mort au champ d'honneur, le 11 nov. 1916.

Aspirant au 85e d'art. lourde.

RABATEL JACQUES, mort au champ d'honneur, le 6 sept. 1914.

Sergent au 165e d'inf.

RÉTHORÉ ANDRÉ, mort pour la France en service commandé, le 5 avril 1919.

Lieutenant au 2e d'art. de montagne, passé dans l'aviation, Chef des observateurs, escadrille 104. Cité à l'ordre de la division.

REVEL JEAN-EMILE, mort pour la France, le 3 oct. 1918, âge 20 ans.

Soldat au 217e d'inf.

REVERCHON ROGER, mort au champ d'honneur, le 29 oct. 1916, âge 20 ans.

Sous-Lieutenant au 159e d'inf. alpine. Cité à l'ordre de la division, Légion d'honneur, Croix de guerre.

REVOL ETIENNE, mort au champ d'honneur, le 19 avril 1917, âge 23 ans (A.E.L.).

Sous-Lieutenant au 59e d'inf.

REYNAUD FRANCIS, mort pour la France, le 22 déc. 1918, âge 22 ans (A.E.L.).

Brigadier au 121e d'art. lourde, aspirant à l'école de Fontainebleau.

RIBOD MARIUS, mort au champ d'honneur, âge 20 ans.

Soldat au 7e chasseurs alpins.

RIBOUD Jules, mort au champ d'honneur, le 29 déc. 1915, âge 34 ans. (A.E.L.).

Lieutenant au 12e alpins. Deux citations à l'ordre de la brigade, une à l'ordre de l'armée. Légion d'honneur, Croix de guerre.

RICHARD André, mort au champ d'honneur, le 24 avril 1915.

Aspirant au 27e d'inf. Cité à l'ordre de la division.

RICHARD Georges, mort pour la France, le 12 mars 1915, âge 24 ans.

Sergent au 102e d'inf.

RIGONNAUX Alexandre, mort au champ d'honneur, le 27 février 1915, âge 27 ans (A.E.L.).

Soldat au 359e d'inf. Médaille militaire, Croix de guerre avec étoile d'argent.

RINGARD Pierre, mort au champ d'honneur, le 28 avril 1916, âge 29 ans.

Brancardier au 99e d'inf. Croix de guerre.

RIVET Alfred, mort au champ d'honneur, le 25 sept. 1915.

Commandant au 42e colonial. Officier de la Légion d'honneur.

RIVIÈRE Louis, mort au champ d'honneur, le 27 mai 1916, âge 34 ans (A.E.L.).

Maréchal des Logis au 106e d'art. lourde.

RODE Marcel, mort pour la France, le 16 sept. 1918.

Mécanicien à l'escadrille V. B. N. 133.

RODET Georges, mort des suites de ses blessures, le 26 juin 1918, âge 24 ans.

Sous-Lieutenant au 411e d'inf. Cité à l'ordre de la division, de l'armée et du corps d'armée. Légion d'honneur, Croix de guerre avec palme et deux étoiles.

RODET Paul, mort des suites de ses blessures, le 29 avril 1918, âge 24 ans (A.E.L.).

Sous-Lieutenant au 13e chasseurs à cheval. Cité à l'ordre de la division, de l'armée et du corps d'armée. Légion d'honneur, Croix de guerre.

ROFFAT Antoine, mort pour la France, le 19 février 1915, âge 19 ans.

Aspirant au 12e chasseurs alpins.

ROLLET Pierre, mort pour la France, le 2 déc. 1918, âge 28 ans (A.E.L.).

Médecin Aide-Major à l'ambulance chirurgicale n° 1. Cité à l'ordre de l'armée. Légion d'honneur, Croix de guerre.

ROMBROT Louis, mort au champ d'honneur, le 29 sept. 1914, âge 30 ans (A.E.L.).

Capitaine au 26e chasseurs à pied. Cité à l'ordre de l'armée. Légion d'honneur.

RONDOT Robert, mort au champ d'honneur, le 3 nov. 1917, âge 23 ans.

Capitaine au 140e d'inf. Deux citations à l'ordre de l'armée. Légion d'honneur.

RONOT Claude, mort pour la France, le 13 mars 1919, âge 32 ans (A.E.L.).

Médecin Aide-Major de 1re classe. Croix de guerre.

ROUAIROUX Adolphe, mort au champ d'honneur, le 29 août 1914, âge 31 ans.

Soldat au 299e d'inf. Cité à l'ordre de l'armée. Médaille militaire, Croix de guerre avec étoile de bronze.

ROUDE, mort pour la France.

ROUGET Augustin, mort au champ d'honneur, le 5 avril 1915, âge 21 ans.

Sous-Lieutenant au 43e d'inf. Cité à l'ordre de l'armée. Croix de guerre.

ROUX Jules, mort pour la France.

Engagé volontaire au 53e d'art.

ROYDOR Louis, mort au champ d'honneur, le 30 juillet 1916, âge 29 ans.

Caporal-fourrier au 27e d'inf. Cité à l'ordre du régiment. Croix de guerre.

ROYER Claudius, mort au champ d'honneur, le 29 oct. 1916, âge 30 ans.

Soldat mitrailleur au 333e d'inf.

RUBELLIN Jean, mort au champ d'honneur, le 6 déc. 1916, âge 19 ans (A.E.L.).

Aspirant au 48e d'art., Agent de liaison. Cité.

RUBY Charles, mort au champ d'honneur, le 11 juin 1918, âge 30 ans.

Capitaine Adjudant-Major au 359e d'inf. Quatre citations à l'ordre de l'armée et du corps d'armée. Légion d'honneur, Croix de guerre, Médaille d'argent de la valeur militaire italienne.

RUBY Maurice, mort au champ d'honneur, le 22 juin 1917, âge 28 ans.

Capitaine au 297e d'inf. Cité à l'ordre de la division et de l'armée.

RUPLINGER André, mort au champ d'honneur, le 20 août 1914, âge 25 ans (A.E.L.).

Sous-Lieutenant au 92e d'inf. Cité à l'ordre de l'armée. Légion d'honneur, Croix de guerre avec palme.

RUPLINGER Henri (frère de Ruplinger André), mort pour la France, le 26 mars 1915, âge 21 ans (A.E.L.).

Soldat infirmier à la 14e Section d'infirmiers militaires.

SABATIER Georges, mort au champ d'honneur, le 7 mars 1915 (A.E.L.).

Sous-Lieutenant au 15e d'inf.

SANDRIN Jean, mort pour la France (A.E.L.).

Lieutenant. Cité à l'ordre de l'armée. Légion d'honneur.

SAUMONT Gaspard, mort au champ d'honneur, le 20 août 1916, âge 20 ans.

Caporal au 2e *bis* zouaves. Cité.

SAUZET Paul, mort au champ d'honneur, le 16 juin 1917.

Aspirant au 75e d'inf. Cité à l'ordre du régiment et de la division. Croix de guerre avec étoiles d'argent et de bronze.

SCHULZ Albert, mort au champ d'honneur, le 22 oct. 1915, âge 46 ans.

Adjudant au 52e d'art (bombardiers). Cité.

SCHULZ Charles, mort au champ d'honneur, le 6 sept. 1916, âge 29 ans.

Caporal au 42e d'inf. Cité à l'ordre du régiment. Croix de guerre.

SCHULZ Robert, mort au champ d'honneur, le 27 mai 1917, âge 31 ans.

Capitaine Adjudant-Major au 11e d'inf. Cité à l'ordre de l'armée. Légion d'honneur, Croix de guerre avec palme.

SCHWEIGER Marcel, né en 1896, mort au champ d'honneur, le 30 sept. 1915 (A.E.L.).

Engagé volontaire, Maréchal des Logis au 2e d'art. de campagne.

SCHWICH Alfred, mort au champ d'honneur, le 18 nov. 1916, âge 18 ans.

Engagé volontaire à l'âge de 17 ans au 4e chasseurs d'Afrique. Cité à l'ordre de l'armée, Médaille militaire.

SEITIER Joseph, mort au champ d'honneur, le 9 sept. 1914, âge 30 ans.

Caporal téléphoniste au 317e d'inf. Cité à l'ordre de l'armée.

SÉLIGMANN Maurice, mort au champ d'honneur, le 6 oct. 1915, âge 33 ans.

Sous-Lieutenant au 36e colonial. Cité à l'ordre de l'armée.

SELIGMANN-LUI Jean, mort au champ d'honneur, le 24 mars 1916, âge 18 ans.

Maréchal des Logis au 2e d'art. Deux citations à l'ordre de la division. Croix de guerre.

SÉON Antonin, mort au champ d'honneur, le 30 juillet 1916, âge 27 ans.

Capitaine au 23e d'inf. Deux fois cité à l'ordre de la division et trois fois à l'ordre de l'armée. Légion d'honneur, Croix de guerre avec étoile d'argent et deux palmes.

SERVE Henri, mort au champ d'honneur, le 30 oct. 1915, âge 22 ans.

Sergent au 328e d'inf. Cité à l'ordre de la division. Croix de guerre.

SESTIER Jean, mort au champ d'honneur, le 25 sept. 1916, âge 28 ans (A.E.L.).

Sous-Lieutenant au 12e chasseurs alpins. Cité à l'ordre de l'armée. Légion d'honneur, Croix de guerre.

SIMON Georges, mort des suites de ses blessures, le 23 sept. 1914, âge 30 ans (A.E.L.).

Lieutenant au 298e d'inf. Cité. Légion d'honneur.

SIMOND François, mort pour la France.

Capitaine au 1er d'inf. coloniale.

SOMMET Antoine, mort au champ d'honneur, juillet 1916.

Caporal au 22e colonial. Cité à l'ordre de la brigade.

SOUCHE André, mort au champ d'honneur, le 11 oct. 1915.

Lieutenant au 48e d'art. Cité à l'ordre de la division et de l'armée. Croix de guerre avec étoile et palme.

SOUCHIER Noël, mort au champ d'honneur, le 21 sept. 1915, âge 20 ans.

Sous-Lieutenant au 99e d'inf. Cité à l'ordre de l'armée. Croix de guerre avec palme.

SOUCHON Louis, mort au champ d'honneur, le 23 oct. 1917, âge 25 ans (A.E.L.).

Sergent au 75e d'inf. Cité à l'ordre du régiment et de la division. Médaille militaire.

SOULIER Pierre, tué en combat aérien, le 10 déc. 1916, âge 25 ans.

Sous-Lieutenant observateur, escadrille 391. Cité à l'ordre de l'armée.

SOVICHE Paul, mort au champ d'honneur, le 25 sept. 1915, âge 42 ans (A.E.L.).

Sous-Lieutenant au 3e zouaves. Cité deux fois à l'ordre de l'armée Croix de guerre avec palme, Légion d'honneur.

SOYER Emile, mort pour la France, le 30 nov. 1914.

Lieutenant d'inf. coloniale (2e Sénégalais).

SPITZ Pierre, mort au champ d'honneur, le 3 mai 1918, âge 20 ans.

Engagé volontaire à 17 ans, Sous-Lieutenant d'art. Six fois cité.

STOURME René, mort au champ d'honneur, le 22 nov. 1915, âge 24 ans.

Sous-Lieutenant au 133e d'inf. Cité à l'ordre de la brigade et du régiment. Croix de guerre.

SUCHET Ambroise, mort au champ d'honneur, le 16 juin 1915, âge 22 ans.

Sergent au 149e d'inf. Cité à l'ordre de l'armée. Croix de guerre avec palme.

TABOURNEL Fernand, mort au champ d'honneur, le 9 mai 1915, âge 26 ans.

Sergent au 26e d'inf., proposé pour Sous-Lieutenant. Légion d'honneur, Médaille militaire.

TARDIVOT Pierre, mort au champ d'honneur, le 22 juillet 1918, âge 22 ans.

Fusilier mitrailleur au 298e d'inf. Cité à l'ordre du régiment. Croix de guerre.

TERRIS Paul, mort au champ d'honneur, le 25 août 1914, âge 23 ans.

Lieutenant au 102e d'inf.

THÉRAL Charles, mort au champ d'honneur, le 8 mai 1915, âge 36 ans (A.E.L.).

Capitaine au 8e d'inf. coloniale. Cité à l'ordre de l'armée. Légion d'honneur, Croix de guerre.

THÉVENIN Paul, mort au champ d'honneur, le 16 juin 1915, âge 22 ans (A.E.L).

Sous-Lieutenant au 13e alpins. Cité à l'ordre de l'armée. Croix de guerre.

THIVEL Marcel, mort des suites de ses blessures, le 22 avril 1918, âge 20 ans (A.E.L.).

Engagé volontaire, Maréchal des Logis au 2e dragons. Cité à l'ordre de l'armée. Médaille militaire, Croix de guerre.

THOMAS (Charles), mort au champ d'honneur, le 17 juillet 1918.

Sous-Lieutenant au 7e génie. Cité à l'ordre de l'armée. Légion d'honneur. Croix de guerre avec palme.

THOUBILLON Emile, mort au champ d'honneur, le 15 sept. 1915, âge 23 ans.

Soldat au 99e d'inf.

THOUBILLON Georges (frère de Thoubillon Emile), mort pour la France, le 20 février 1915, âge 19 ans.

Engagé volontaire, Brigadier au 25e d'art.

TISSOT Jean, mort pour la France, le 2 avril 1915 (A.E.L.).

Secrétaire d'Etat-Major.

TONNÉRIEUX Henri, mort au champ d'honneur, le 2 juin 1916, âge 25 ans.

Sous-Lieutenant au 38e d'art. Cité à l'ordre de l'armée. Croix de guerre.

TRESCA Louis, mort au champ d'honneur, le 4 juin 1916, âge 36 ans.

Lieutenant au 52e d'inf. Deux citations à l'ordre de l'armée. Légion d'honneur.

TRESCA PIERRE-LÉON, mort pour la France, le 15 déc. 1915, âge 21 ans.

Brigadier au 2e dragons.

TRESCA PIERRE, mort au champ d'honneur, le 15 juillet 1918, âge 30 ans.

Sous-Lieutenant au 321e d'art. lourde. Cité.

VALETTE VICTOR, mort au champ d'honneur, le 30 sept. 1914, âge 56 ans (A.E.L.).

Colonel d'inf. coloniale, commandant le 278e d'inf. de réserve. Officier de la Légion d'honneur. Médailles de Madagascar, du Dahomey et de Chine, Chevalier de la Couronne d'Italie.

VELNA (DE) GEORGES, mort au champ d'honneur, en juin 1917.

Sous-Lieutenant au 22e d'inf.

VÉRARD ANTHELME, mort au champ d'honneur, le 25 août 1914, âge 30 ans.

Lieutenant au 94e d'inf.

VÉRILHAC JEAN, mort pour la France, le 3 août 1915, âge 22 ans (A.E.L.).

Infirmier volontaire.

VERLET-HANUS Edmond, mort au champ d'honneur, le 27 août 1914, âge 40 ans (A.E.L.).

Commandant du 13e chasseurs alpins. Trois fois cité à l'ordre de la colonne d'opération aux colonies. Cité à l'ordre de l'armée. Officier de la Légion d'honneur, Médaille coloniale « mission saharienne », Médaille du Maroc.

VERMALE Paul, mort pour la France, le 13 février 1917, âge 29 ans.

Médecin Aide-Major de 1re classe. Trois citations à l'ordre de la division. Croix de guerre avec étoile d'argent, Médaille coloniale.

VEŸ Paul, mort pour la France, le 8 août 1916, âge 20 ans.

Brigadier au 54e d'art. Cité à l'ordre du régiment.

VIDALON Louis, mort pour la France, le 21 juillet 1918, âge 19 ans (A.E.L.).

Aspirant au 12e chasseurs alpins. Médaille militaire.

VIDON Raoul, mort au champ d'honneur, le 25 sept. 1915, âge 26 ans.

Sous-Lieutenant au 99e d'inf. Cité à l'ordre de l'armée.

VIEILLARD Henri, mort au champ d'honneur, le 22 avril 1915, âge 29 ans.

Lieutenant au 5e groupe d'art. d'Afrique. Cité à l'ordre de la division.

VIGNET Léon, mort au champ d'honneur, le 26 août 1914, âge 19 ans.

Caporal-fourrier au 35e colonial. Trois citations. Médaille coloniale.

VIGNON Georges, mort au champ d'honneur, le 5 mai 1915, âge 35 ans (A.E.L.).

Capitaine au 357e d'inf. Cité à l'ordre de l'armée, Légion d'honneur.

VINAY Henri, mort au champ d'honneur, le 27 nov. 1916, âge 26 ans.

Lieutenant, 5e compagnie de mitrailleurs. Cité à l'ordre de l'armée. Légion d'honneur.

VINAY Maurice, mort au champ d'honneur, avec son frère Henri, le 27 nov. 1916, âge 21 ans.

Sous-Lieutenant au 372e d'inf. Cité à l'ordre de l'armée.

VINCENT Gorges, mort pour la France, le 2 avril 1918, âge 23 ans (A.E.L.).

Aspirant au 118e d'inf. Cité à l'ordre du régiment et de l'armée. Croix de guerre.

VINCENT Marcel, mort au champ d'honneur, le 24 août 1916, âge 19 ans (A.E.L.).

Sous-Lieutenant au 62e chasseurs alpins. Cité à l'ordre du corps d'armée.

VUAILLE Pierre-Marie, mort au champ d'honneur, le 29 mars 1918, âge 26 ans.

Lieutenant au 19e chasseurs à pied. Cité. Croix de guerre.

WADDINGTON Frédéric, mort pour la France sur son avion, le 17 mai 1916, âge 24 ans.

Maréchal des Logis au 17e dragons, pilote aviateur. Cité à l'ordre de l'armée.

WERNER André, mort pour la France, le 22 sept. 1917.

Capitaine Adjudant-Major au 221e d'inf. Cité. Légion d'honneur.

WERNERT Eugène, mort au champ d'honneur, le 19 juillet 1915, âge 34 ans (A.E.L.).

Professeur au Lycée Ampère, Caporal-fourrier au 328e d'inf. Cité à l'ordre de l'armée, Croix de guerre avec palme.

ZAESSINGER Pierre, mort au champ d'honneur, le 18 juillet 1918, âge 22 ans.

Caporal mitrailleur au 30e alpins. Cité. Croix de guerre, Croix italienne.

ZUST Georges, mort au champ d'honneur, le 9 juin 1915, âge 25 ans (A.E.L.).

Sous-Lieutenant au 140e d'inf. Cité à l'ordre de l'armée. Légion d'honneur.

Lyon. — Imprimerie A. Rey, 4, rue Gentil. — 79069

www.ingramcontent.com/pod-product-compliance
Ingram Content Group UK Ltd.
Pitfield, Milton Keynes, MK11 3LW, UK
UKHW020939180726
13838UKWH00003B/1036

9 782329 197821